Любовные заклинания

ЛЮБОВНЫЕ ЗАКЛИНАНИЯ

First edition. September 6, 2023.

Copyright © 2023 Mags Pie.

ISBN: 979-8223434108

Written by Mags Pie.

Мэгс Пай

ОТКАЗ ОТ ОТВЕТСТВЕННОСТИ

ЭТА НАУЧНО-ПОПУЛЯРНАЯ книга предназначена для предоставления информации и идей, основанных на имеющихся знаниях и исследованиях. Цель этой книги – представить общие знания и взгляды на эту тему. Оно не предназначено для замены профессиональной консультации.

Наконец, читатель понимает, что эта книга защищена законами об авторском праве и несанкционированное воспроизведение, распространение или передача любой части этой книги в любой форме и любыми средствами без предварительного письменного разрешения автора(ов) или издателя. строго запрещено. Читая эту книгу, читатель признает и соглашается с условиями, изложенными в этом отказе от ответственности.

Предисловие

Магия плавит реальность до пластичной консистенции, в которой мы можем формировать ее в соответствии со своими желаниями и умениями, и самое вкусное, чарующее и волнующее ее проявление – любовная магия.

ПРИВОРОТЫ СУЩЕСТВОВАЛИ во все века, во всех уголках мира и во всех магических традициях. Некоторые звучат знакомо, другие экзотичны и смелы. Некоторые поэтичны; другие являются продуктом квантовой психологии. Есть три волшебных состояния, которые легко привлекают в нашу жизнь любовь и счастье. Возможность войти эти состояния и пребывание там привлекают самые невероятные события.

ПЕРВОЕ МАГИЧЕСКОЕ СОСТОЯНИЕ – **СПОКОЙСТВИЕ**.

Чтобы сплести и освоить нити творения, практикующий должен уметь не просто расслабляться, а плавать в океане мира и умиротворения. Состояние внутреннего покоя дает нам доступ к нашему гениальному подсознанию, к ресурсам нашего творческого разума и нашему высшему «Я».

ВТОРОЕ МАГИЧЕСКОЕ СОСТОЯНИЕ – **ПРИНЯТИЕ**.

Научившись принимать, мы можем получить все, что хотим. Большую часть времени мы живем в состоянии постоянного сопротивления, непринятия и неприятия. Мы не принимаем свое тело, не принимаем свой вес и отвергаем свои недостатки. Мы сопротивляемся событиям, фактам и людям в нашей жизни.

Принятие – это не отставка. Это не инерция или пассивность. Принять – значит действовать без сопротивления.

ЭТО ВОЛШЕБНОЕ СОСТОЯНИЕ, которое приводит нас к третьему магическому состоянию: **ДОВЕРИЕ**.

Научиться доверять непросто. Но когда мы расслабляемся, принимаем себя, окружающих и мир и доверяем Вселенной, показывая ей именно то, чего мы хотим в своей жизни и где мы хотим быть, мы раскрываем ее волшебные силы.

СОВРЕМЕННАЯ КВАНТОВАЯ физика предлагает научное объяснение магии как инструмента управления реальностью. Оно наглядно показывает, как изменение образа нас приводит к изменению внешних обстоятельств.

КАЖДЫЙ ЧЕЛОВЕК ЖИВЕТ в двух мирах: внутреннем и внешнем. И хотя наш внутренний мир мудр и глубок, большую часть времени мы просто внутренне реагируем на внешние обстоятельства.

НО ПОСКОЛЬКУ ВНЕШНИЙ мир постоянно формирует наши внутренние реакции, почему бы не предположить, что внешний мир также реагирует на обстоятельства нашего внутреннего мира? Давайте поиграем в эту игру.

ИТАК, ПРОСТО УМЕНЬШИТЕ свою реакцию на внешний мир и посмотрите, что произойдет. Управление внешней реальностью всегда начинается с обнуления реакций на внешние раздражители и концентрации внимания на внутреннем мире.

всегда начинается с обнуления реакций на внешние раздражители и концентрации внимания на внутреннем мире.

Ключ к счастливой жизни

КЛЮЧ К СЧАСТЛИВОЙ ЖИЗНИ – легко получать то, что хочешь, и хотеть того, что имеешь. Большинство людей совершают ошибку: зацикливаются на определенном объекте или событии своей жизни вместо того, чтобы привлечь желаемое, изменив себя. Посредством внутренней работы мы гораздо легче изменяем реальность и без проблем получаем желаемый результат. Это называется манипуляцией реальностью или, другими словами, магией.

НЕСКОЛЬКО ЛЕТ НАЗАД я прочитал роман испанского писателя Альберто Васкеса Фигероа « *Туареги* », рассказ об одном из последних принцев древнего народа, который пересекает самую знойную, засушливую и устрашающую часть пустыни, белое соляное ядро Сахары. . Обернутый с головы до пят в одежды цвета индиго, худощавый, жилистый и гибкий, как тростник, опоясанный ножом и потрепанной винтовкой, он был воплощением сдержанной силы. Говорил он мало, и лицо его давно забыло вкус улыбки.

ТЕПЕРЬ Я ГИД, КОТОРЫЙ готовится провести вас по мелким пескам квантовой магии. Поэтому я обязан познакомить вас с древними правилами этого искусства:

Не пытайтесь получить от других то, чего не даете сами.

ЛЮБОВЬ – ЭТО НЕ РЕАКТИВНЫЙ психоз. Любовь – живая вода. Все остальное можно лечить.

РЕАЛЬНОСТЬ И ПЕСОК пустыни похожи — они податливы, но могут вас подавить.

МИР ОТРАЖАЕТ ВАШЕ ВНУТРЕННЕЕ состояние. Вам решать, увидите ли вы мираж, оазис или пустыню.

∞

ЕСЛИ ВЫ ПРОДОЛЖАЕТЕ ожидать чуда, чудеса продолжают происходить. Если вы постоянно ожидаете плохих событий, плохие вещи всегда случаются. Такова сила напряженного ожидания.

∞

ДЕЛАЙТЕ ВСЕ, ЧТО МОЖЕТЕ, а остальное предоставьте судьбе.

∞

Ошибок нет. События, которые мы привлекаем в свою жизнь, какими бы неприятными они ни были, необходимы нам, чтобы научиться тому, чему нам нужно научиться. Каким бы ни был наш следующий шаг, необходимо достичь того места, которое мы выбрали.

Ричард Бах, *Мост через вечность*

Магические знания и традиции

Магия — персидское слово, означающее «искусство колдовства», изучение тайных сил природы, которыми знающий может овладеть и использовать. В Средние века магию стали делить на черную и белую, в зависимости от того, должно ли было быть достигнуто задуманное волшебство посредством злых или небесных добрых духов.

В современном мире магия отодвинута на полку дешевых массовых изданий для наивных девочек-подростков и незрелых домохозяек. Слово *магия* приобрело негативный коннотация; оно стало синонимом колдовства и суеверий. И в этом нет ничего удивительного.

В нашей современной, высокотехнологичной логике, которая любит объяснять явления с помощью чисто линейных, детерминистских причинно-следственных связей, нет места магии.

Магия изгнана из нашего мира, и немногие понимают ее истинную природу. Большинство людей воспринимают его как некую темную силу, искажающую «законы», управляющие материей и энергией. Популярная культура представляет магию именно таким образом. Но если обратиться к античности и поискать более достоверные источники, такие как древнеегипетские папирусы, Веды, скандинавские саги и ирландские мифы, то обнаружишь совершенно иную реальность.

Лучшее определение магии принадлежит Дайане Форчун: «искусство и наука вызывать изменение сознания в соответствии с волей».

Магия вызывает изменения, работая напрямую с сознанием или, точнее, с подсознанием. Оттуда его влияние тонко и косвенно распространяется на физический мир. То есть прямо противоположно тому, что делает современная наука. Наука вызывает изменения в физическом мире по своим «законам».

Магия и наука действуют по-разному и преследуют разные цели. Вот почему волшебники не проводят лабораторные эксперименты, а ученые не читают заклинания перед алтарями могущественных символов. Последнее предложение в определении Фортуны Дианы «в соответствии с волей» относится как к наставнику волшебника, так и к воле субъекта этого заклинания.

Хотя существует мнение, что магия универсальна, существует огромная разница между черной и белой магией. Магия требует и заставляет брать на себя ответственность. Метафизические знания являются источником силы и помощи в исполнении желаний, но их нельзя использовать во вред или против воли других.

Самая популярная магия – красная или любовная магия. Сегодня им пользуются миллионы людей, которые хотят освежить свою личную жизнь, вернуть страсть своего партнера, вызвать у кого-то чувства или просто стать привлекательнее.

Три наиболее известные магические традиции в этом отношении — арабская магия, цыганская магия и вуду. Другие традиции, такие как египетская, ведическая и друидская, также могут что-то предложить в любовных делах.

Система арабской любовной магии основана на изготовлении талисманов, амулетов, завязывании узлов и вызове джиннов. Эта магическая практика зародилась в Древнем Египте, колыбели магии.

Египетская магия считается самой могущественной, о ней рассказывают многие папирусы и настенные росписи, описывающие сверхъестественные события при дворе фараонов и сложные ритуалы, совершаемые жрецами и женами Ра. Глаз Гора и Анк были популярными символами, используемыми в качестве защитных амулетов. В Древней Греции и Риме талисманы обычно использовались для защиты от зла и привлечения удачи.

Вавилон и Персия также внесли значительный вклад в развитие магического искусства, а древние жрецы или маги установили целую систему астрологических, нумерологических и цветовых соответствий и законов.

Обсудив вопрос ответственности, мы должны также упомянуть о важности веры. Вера в то, что ты делаешь, — один из важнейших аспектов магии. Скептицизм и голос внутреннего критика могут саботировать даже самый сильный приворот.

Поговорка «Самый темный час — перед рассветом» справедлива и для магии.

После того, как вы выполнили ритуал или заклинание, вас ждет самое сложное.

В этот момент вам следует «отпустить» свое желание по волнам космического океана и забыть о нем или хотя бы довериться волшебству, что оно позаботится о вас наилучшим образом.

Помните, что нетерпение – нехорошее качество и часто приводит к потере веры и самосаботажу.

Основная ошибка начинающего колдуна – ожидать эффекта от заклинания уже на следующий день, а то и раньше. Это просто потрясающе. Заклинания черпают силу из Вселенной и ее магических сил, поэтому не пытайтесь торопить результат.

В одних случаях эффект проявляется уже через несколько дней, в других — через месяцы. Часто бывает, что проходит столько времени, что человек забывает о наложенном заклинании, и Вселенная словно ждет именно этого, чтобы проявить желание.

Талисманы, амулеты, заклинания

СЛОВО ТАЛИСМАН ПО-ТУРЕЦКИ *тильсим* (tilsim) происходит от арабского *tilasm* . (تلسم), что, в свою очередь, является производным от греческого слова *телесма* (τέλεσμ α), что означает «совершать религиозный ритуал». Талисман – это предмет, обладающий определенными магическими и сакральными свойствами, обеспечивающий удачу и защиту своему владельцу. Например, в буддизме амулеты, называемые «филактерии» или «янт», используются для защиты и благословения. В исламе амулеты, называемые «тавиз» или «тавиз», носят для различных целей, например, для защиты от вреда или для привлечения удачи .

ИСПОЛЬЗОВАНИЕ ТАЛИСМАНОВ и амулетов не ограничивается конкретной культурой или регионом. Различные культуры по всему миру разработали свои собственные уникальные традиции и обычаи, связанные с этими объектами. Например, в Западной Африке «гри-гри» — это тип талисмана, используемый для защиты или достижения желаемых результатов. В китайской культуре иероглиф «фу», означающий «удача» или «благословение», часто используется в качестве талисмана во время празднования Лунного Нового года. В средние века христианские амулеты, такие как распятие и медали Святого Христофора, носили для духовной защиты.

ХОТЯ БОЛЬШИНСТВО ЛЮДЕЙ не делает различия между амулетом и талисманом, амулет — это предмет, обладающий природными магическими свойствами, а талисман должен быть заряжен стихийной силой и энергией магом, который его изготовил.

ТАЛИСМАН ВСЕГДА ИЗГОТАВЛИВАЕТСЯ с определенной целью и целью, а амулет имеет универсальное применение, обычно отгоняя уроки, сглаз и привлекая удачу.

Сделай это персонально

СУЩЕСТВУЕТ МНОЖЕСТВО идей натуральных любовных оберегов, которые человек может сделать и зарядить самостоятельно: засушенная роза, завернутая в металлическую фольгу (металл — природный элемент, придающий структуру), веточка розмарина, украшение или кусочек янтаря, аметист или изумруд для привлечения новой любви, розовый кварц, родохрозит или лунный камень возле тела на первом свидании, чтобы повысить привлекательность первого свидания, и яшма или берилл, чтобы разжечь страсть в существующих отношениях, серебряный кулон в форме сердца, камень в форме сердца или кусочек сушеного яблока, вырезанный в форме сердца.

РУНЫ — ПРОВЕРЕННЫЙ помощник в любви, поэтому используйте Кано для пробуждения страсти, Беркану для разжигания желания и Гебо для стабильных отношений. Нарисуйте одну-три руны на гладком камушке, куске дерева или вышейте их на нижнем белье. Морские ракушки – амулет, вселяющий любовь и вселяющий романтическое волнение.

ЖЕНЩИНЫ НА БЛИЖНЕМ Востоке и в Магрибе, от Анатолии до Израиля, Египта и Марокко, носят Хамсу или Руку Фатимы. Этот древний талисман берет свое начало из древнего культа Богини, символизирующей высшую божественную силу. Часто в центре руки находится голубой глаз, чтобы отогнать уроки, или сердечко, чтобы привлечь любовь.

НА КАРИБАХ ЛЮБИМЫМ женским талисманом является прекрасное филигранное сердце Эрзули, написанное сине-золотой краской. Эрзули — капризная и ревнивая гаитянская богиня процветания, изобилия и любви, которая любит ритуалы на берегу океана с множеством цветов, сладостей и рома.

ПОПУЛЯРНЫМ МУЖСКИМ оберегом в странах Средиземноморья является кулон из красного коралла, похожий на острый красный перец или фаллос, который вселяет смелость и решительность в любовных делах, защищает от злых сил и сохраняет гармонию в семье.

Любовная магия

Любовная магия направлена на то, чтобы привлечь, «связать» и подчинить страстные желания объекта магическими средствами, а не собственными усилиями. Он присутствует во всех магических традициях и практиках, используя различные заклинания, куклы и статуэтки, талисманы, амулеты, настойки и ритуалы.

МИРОВАЯ ЛИТЕРАТУРА и искусство насыщены сюжетами и темами, связанными с любовной магией, начиная с Древней Греции и Древнего Рима, через Средние века и эпоху Возрождения. Сегодня десятки фильмов и романов эксплуатируют золотую жилу любовного очарования с помощью неземных миров.

ЗАКЛИНАНИЯ ЭРОТИЧЕСКОГО влечения и захвата существуют в магической традиции Древней Эллады, которая сочетает в себе египетские и древнееврейские элементы, задокументированные в древних текстах, таких как греческие магические папирусы, и в археологических артефактах II века до нашей эры.

МАГИЧЕСКИЕ ЛЮБОВНЫЕ ритуалы мы находим у кельтских и германских народов. Независимо от традиции, любовная магия опирается прежде всего на женские и женские качества: плодовитость, деторождение, менструацию (очевидно, тесно связанную с плодовитостью и рождением), а также женскую «природу» или «интимные части».

Совет

Прежде чем погрузиться в океан приворотов разных эпох, континентов и магических традиций, давайте уточним несколько основных правил.

ВО-ПЕРВЫХ, ПРОИЗВЕДИТЕ привороты на привлечение любви, на повышение своего любовного и эротического потенциала, но избегайте направления приворота на конкретного человека.

ЕСЛИ ВЫ ОДЕРЖИМЫ МЫСЛЬЮ и любовью к кому-то до такой степени, что не хотите и не видите никого другого, то примените заклинание, чтобы гармонизировать и «подсластить» ваши отношения и отношения, но ни в коем случае не пытайтесь «изгибать» ", сломать или связать человека против его воли.

ПОВЕРЬТЕ, КАРМИЧЕСКОЕ наказание за такое посягательство на свободную волю другого человека жестоко, в три раза суровее вашего поступка, и скоротечно.

ВО-ВТОРЫХ, НЕ НАДЕЙТЕСЬ на гадалок, экстрасенсов и прочих коварных колдунов, которые обещают за определенную плату обеспечить вам любовь и верность желаемого мужчины. Сила вашего желания, внимания, энергии и искренней любви гораздо сильнее меркантильных происков колдунов типа «индивидуальный предприниматель».

ПОМНИТЕ, ЛЮБОВНАЯ МАГИЯ требует наличия отношений на всех трех уровнях – сексуальном, эмоциональном и психическом, поэтому любое обещание «привязанности» к человеку, с которым у вас нет отношений хотя бы на одном-двух, а лучше на всех трех уровнях , это пустой разговор.

И В-ТРЕТЬИХ, ПРЕЖДЕ чем браться за привороты, проведите 21-дневную личную «очистительную диету», стряхните с себя горечь и блоки прошлого, зарядитесь красотой, радостью и энергией и приведите себя в адекватную для любви форму. Желаю успехов и любви!

Полезный реквизит

РОЗОВЫЙ КВАРЦ – ЭТО одновременно кристалл безусловной любви. Это нежная энергия, которая усилит любой приворот. Вам просто нужно иметь его рядом с собой.

МАСЛО ДЛЯ ПРИТЯЖЕНИЯ состоит из нескольких эфирных масел и базового масла. Если вы работаете над заклинанием для привлечения или усиления любви, то можете немного помассировать запястья и носить его в течение нескольких дней после произнесения заклинания. Также этим маслом можно помазать свечу.

ЕСЛИ У ВАС ЕСТЬ ПАЛОЧКА, используйте ее для заклинания круга. Если нет, не волнуйтесь, вы можете использовать палец. Если вы хотите сделать палочку самостоятельно, сделайте это.

ИСПОЛЬЗУЙТЕ СВОЙ ДНЕВНИК, чтобы записать выбранное заклинание. Укажите свою «оценку риска», то есть, почему вы решили использовать это заклинание. Затем напишите, какую форму принимает ваше заклинание и какое заклинание применяется. Добавьте дату и любые последующие примечания.

Привороты проверенные временем

Загадай желание (Ближний Восток)

В ТУРЦИИ, ЛИВАНЕ И на всех Балканах молодые женщины верят в эффективность привязки чего-нибудь к дереву, чтобы выйти замуж или родить здорового ребенка.

НАЧИНАЯ СО ВРЕМЕН ОСМАНСКОЙ империи, лечение больного человека могло заключаться в написании нескольких сильных цитат на листе бумаги, растворении бумаги в воде и предложении пациенту выпить ее.

Другой способ заключался в том, чтобы подготовить рубашку и вышить на ней слова, которые считались защитными. Во дворце Топкапы есть несколько таких «кафтанов», которые султан должен был носить, чтобы обеспечить свою безопасность, хотя нет никаких доказательств того, что эта практика работала. Люди верили, что это так, и этого было достаточно.

В СТАМБУЛЕ РАНЬШЕ БЫЛО принято заниматься заклинаниями или заказывать их. Женщины хотели, чтобы их мужчины не уходили из дома и не обращались с ними грубо. Некоторые мужчины хотели привязать к себе женщину и наоборот.

ДРУГИЕ ХОТЕЛИ, ЧТОБЫ путешественники благополучно вернулись, нашли потерянные вещи, победили врага, увидели свое будущее. Даже сегодня практически все турчанки умеют читать будущее по чашке кофе.

Заклинания из Боснии

ЭТО ДОКАЗЫВАЮТ РАЗЛИЧНЫЕ магические ритуалы, направленные на то, чтобы переправить джиннов (духов/демонов). Одну из них исполняет девушка ночью; прямо перед тем, как лечь спать, она стучит по стенам со словами: «Я выбила стену, и из нее выскочили три джинна...»

ТРАДИЦИОННО КАЖДАЯ ведьма творит свою магию прямо на закате, хотя для всех магических практик достаточно целой ночи, особенно ночь перед каким-то важным праздником, когда также совершаются различные гадания. Таким образом, в ночь перед Байрамом девушки выходят на улицу, смотрят на самую яркую звезду на небе и, сосредоточившись, повторяют девять раз: «Скажи мне, звезда, которая меня любит, скажи мне, та ли это я». тоже любишь?» Сразу после этого они сразу же ложатся спать, и если им снится мужчина, которого они любят в ту ночь; это доказательство того, что их любовь взаимна.

ОСОБОЕ ВНИМАНИЕ В ЛЮБОВНОЙ магии боснийские ведьмы уделяют траве под названием милоглед . широко известный как асарабакка или европейский дикий имбирь (asarum europaeum), который, по их мнению, обладает способностью стимулировать эротические желания в монотонном браке и разжигать любовь в сердце желаемого человека.

Милоглед собирают в лесу ритуальным способом во время заката: траву сначала обвивают золотым ожерельем, а затем выдергивают из почвы вместе с корнем. Поскольку у этой травы в основном всего два листа, один покрыт медом, а второй маслом, при этом произносятся магические слова. После этого одну створку кладут с одной стороны входной двери дома, а вторую с другой стороны, чтобы между ними прошел любимый человек.

В тот момент, когда любимый человек проходит через дверь; листья нужно сразу склеить друг с другом и носить с собой некоторое время. Если магия совершается для мужа, то указанные листья следует положить ему в подушку.

ВЕЛИКУЮ СИЛУ СОБЛАЗНИТЬ желаемого человека, согласно верованиям в Боснии, дают амулеты, изготовленные муллой (исламским священником). Изготовленные для этой цели амулеты обычно хранят в качестве талисманов или сжигают в огне, сквозь них смотрят на любимого человека или закапывают под порогом любимого человека.

ИНОГДА АМУЛЕТ СЖИГАЮТ и пеплом подсыпают напиток или еду желаемого человека. Считается, что это очень сильная магия. Однако его эффект часто сохраняется в течение 40 дней только после того, как магия должна быть повторена.

В ЛЮБОВНОЙ МАГИИ ЧАСТО используются выделения человека (сперма, влагалищный секрет). После полового акта женщина собирает сперму со своей нижней части платком, после чего вытирает им влагалище. Затем она стирает платок в стакане с водой и добавляет эту воду в кофе или суп своего возлюбленного, произнося магические слова.

ПОМИМО СПЕРМЫ, ВО ВСЕЙ Боснии широко используется менструальная кровь. Женщина высыпает менструальную кровь на кусочек сахара (обычно 3 капли) и, повторяя магические слова, добавляет ее в кофе желанного мужчины.

СОГЛАСНО ВЕРОВАНИЯМ в Боснии, у женщины есть два типа крови; одно — менструальная кровь, которая сделает желанного мужчину страстным и одержимым ею, и второе; находится в пальцах кулака, который используется для занятий магией, заставляющей любимого мужчину подчиняться ее воле и подчиняться ей.

Связующее заклинание

Возьмите семь шелковых нитей разных цветов, завяжите их в семь узлов, а затем произнесите следующее заклинание семь раз на каждом узле:

АНИФ (Х2), БИСАБСАБ (х2), Катамта (х2), Талафлафат (х2), Маджаджафат (х2).

Атхарваведа (Индия)

Это перевод Атхарваведы Ральфом Т.Г. Гриффитом.

Атхарваведа — это собрание заклинаний, молитв, заклинаний и гимнов ведической эпохи. Существуют молитвы о защите урожая от молнии и засухи, заговоры против ядовитых змей, любовные заклинания, заклинания исцеления, сотни стихов, некоторые из которых взяты из Ригведы, и все они очень древние.

Приворот Апсара

Э то приворот апсар, побеждающих и непреодолимых.

ОТПРАВЬТЕ ЗАКЛИНАНИЕ, вы, Божества! Пусть он потребляет с любовью ко мне.

Молюсь, чтобы он помнил обо мне, думал обо мне, любящем и любимом.

Пошлите заклинание, о божества! Пусть он потребляет с любовью ко мне.

Чтобы он мог думать обо мне, чтобы я никогда, никогда не думала о нем.

ПОШЛИТЕ ЗАКЛИНАНИЕ, о божества! Пусть он потребляет с любовью ко мне.

Разозли его, Маруц, разозли его. Разозли его, разозли его, о Воздух.

Разозли его, Агни, разозли его. Пусть он потребляет с любовью ко мне.

Конденсатор для любви

ИНГРЕДИЕНТЫ

Небольшой горшок или казан

Родниковая вода

Лепестки розовые или красные розы

8 унций. водка

Прозрачная стеклянная чаша

Кусок серебра

Пластиковая упаковка

Рубиново-красная бутылка

Техника

Налейте воду в кастрюлю и доведите до кипения. Добавьте горсть лепестков роз, накройте кастрюлю крышкой и выключите огонь. Дайте лепесткам настояться в течение часа. Добавьте в смесь немного водки, чтобы сохранить ее. Когда смесь остынет, перелейте ее в миску. Поместите кусок серебра на дно чаши. Положите руки на чашу и наполните конденсатор своими мыслями и желаниями, повторяя:

ОТ ЗЕМЛИ К ВОДЕ И ОТ реки к морю
  Любовь, которую я желаю, придет ко мне.
  Силой травы и глубокими эмоциями,
  Принесите настоящую любовь и глубокую преданность.

НАКРОЙТЕ МИСКУ ПОЛИЭТИЛЕНОВОЙ пленкой и поставьте под прямой лунный свет. Дайте конденсатору около часа поглотить энергию Луны. Храните конденсатор в рубиново-красной бутылке вместе с серебром. Пометьте и используйте в любовных заклинаниях или для украшения свечей.

Любовное зелье №9

ИНГРЕДИЕНТЫ

9 унций. сладкое красное вино9 листьев базилика9 лепестков красной розы9 гвоздики9 семян яблок9 капель ванильного экстракта9 капель клубничного сока1 корень женьшеня, разрезанный на 9 равных частей

Техника

При свете 9 розовых свечей поместите эти девять ингредиентов в котел в 9 ^{час} 9 ^{числа} 9 ^{месяца} года. Перемешайте зелье 9 раз деревянной ложкой, каждый раз произнося следующее магическое заклинание:

Пусть тот, кто пьет это вино,

осыпет меня божественной любовью.

Сладкое любовное зелье номер девять.

Сделай его/ее любовь навсегда моей.

Доведите смесь до кипения, затем убавьте огонь и дайте покипеть 9 минут. Снимите с огня и дайте остыть. Подуйте на зелье 9 раз; благослови его во имя девяти богинь. Процедить через марлю (или кофейный фильтр – это спасибо 90-м). Храните в чистом контейнере и храните в холодильнике, пока не будете готовы подавать его тому, от кого желаете любви и привязанности.

Не позволяйте никому, кроме вашего возлюбленного, смотреть, трогать или пить приворотное зелье.

ВНИМАНИЕ: чрезвычайно эффективен, поэтому его следует использовать с осторожностью. Его результаты могут быть очень интенсивными, продолжительными, и их трудно контролировать или обратить вспять.

(Не направляйте их, иначе это ваша карма !)

Заклинание свечей на страсть

ЧТОБЫ ПРИВЛЕЧЬ СТРАСТНУЮ любовь, во время растущей Луны возьмите две конические свечи, одну розовую и одну красную, а также немного красной нити и жасминового масла.

Смажьте свечи жасминовым маслом кончиками пальцев, затем зажгите их, представляя, как пламя страсти разгорается между вами и новой, но еще неизвестной любовью.

Соедините свечи вместе, образовав между ними нитью восьмерку, повторяя при этом:

«Пламя страсти и семена романтики растут;

Я открываю свое сердце для любви. Теперь тот, кто ищет меня, должен

приходить."

Для достижения наилучших результатов применяйте заклинание три ночи подряд.

Завоевать чью-то любов

Заклинание на завоевание любви человека, которого вы любите, заставит вашего любимого человека сильно и сильно влюбиться в вас. Это будет не мимолетное увлечение или увлечение, а настоящая любовь на всю жизнь.

Ритуал стимулирует сильную, здоровую, настоящую любовь, которая соединит пару в полноценных отношениях, принося радость и счастье обеим сторонам.

С помощью этого ритуала можно добиться настоящей любви, никому не причинив вреда.

Заклинание делает вас более привлекательным и отвечает взаимностью – ответом – на ваши истинные чувства.

Это заклинание положит начало новым отношениям, которые выдержат испытание временем.

Ингредиенты

1 КРАСНАЯ СВЕЧА

1 столовая ложка цедры лимона

1 столовая ложка грушанки барвинка

1 столовая ложка гвоздики

Розовое масло

Жасминовый ладан

Лист

Шариковая ручка

Матчи

ТЕХНИКА

Обведите круг мелом. Вы можете создать магический круг.

Смажьте свечу розовым маслом. Зажгите красную свечу. Зажгите ароматическую палочку с жасмином от пламени свечи.

Сосредоточьте свое внимание на любимом человеке и соберите энергию, чтобы привлечь его в свою жизнь.

Напишите на листе бумаги свое имя и имя любимого человека.

Капните 7 капель воска на оба своих имени. Добавьте цедру лимона, грушанку и гвоздику в указанном порядке. Затем добавьте 3 капли розового масла.

Снова капните на имена 7 капель воска.

Сложите лист 7 раз так, чтобы содержимое осталось завернутым внутрь.

Сгореть дотла.

ВЫБРОСЬТЕ ПЕПЕЛ В ЕСТЕСТВЕННЫЙ источник воды (озеро, ручей, река, море).

Слава богине воды.

Заклинание Лакшми

Заклинание Лакшми, которое заставит вашего возлюбленного обожать вас

Лакшми – индийская богиня плодородия, изобилия и счастливой личной жизни. Вы можете использовать ее символы и ритуалы, чтобы пробудить обожание любимого человека.

Этот приворот высвободит энергию, которая вызовет сильное чувство обожания у вашего возлюбленного или любого другого человека, на которого вы хотите наложить это заклинание.

У заклинания есть замечательный побочный эффект – оно позволит привлечь к вам деньги и успех в бизнесе, а также сделает вас популярным в обществе.

Ингредиенты

Общая фотография вас и вашего любимого человека

Одна темно-розовая - фиолетовая - свеча

Одна синяя свеча

Мягкая розовая свеча

Бокал для шампанского, наполненный морской водой или розовым шампанским.

Изумрудно-зеленая, золотая и синяя парча

Маленькая статуя или изображение Лакшми или розовый лотос.

ТЕХНИКА

Лучшее время для этого заклинания – полнолуние или новолуние.

РАСПОЛОЖИТЕ ЧЕТЫРЕ свечи в квадрате. Поместите статую Лакшми или розовый лотос в центр квадранта. Поместите фотографию себя и своего любимого человека на лотос или статую. Если вы используете розовый лотос в виде подставки, в него можно налить морскую воду или шампанское.

В противном случае поднесите шампанское или морскую воду к бокалу, поместив его внутри квадранта. Посыпьте это место парчой трех цветов. Зажгите свечи и попросите богиню благословить ваши отношения.

Верни потерянного любовника

ЭТО ЗАКЛИНАНИЕ ЧЕРНОЙ магии, которое вернет любимого, которого вы оставили.

Используемая здесь морская раковина или моллюск служит психическим телефоном. Вы устанавливаете астральный контакт со своим любимым человеком через морские волны и волновую структуру энергии. В водной магии он символизирует психический контакт и связи между людьми.

РАКОВИНА, КОТОРУЮ ВЫ будете использовать, должна состоять из двух половин, которые открываются и закрываются.

Если любимый человек ушел от вас и все ваши попытки быть хорошими и собранными остались безрезультатными, вы можете использовать это контролирующее заклинание, чтобы вернуть его к себе. Черная магия позволяет вам подчинить волю другого человека своей воле и преодолеть его желания с помощью силы и своих собственных.

ИНГРЕДИЕНТЫ

Прядь твоих волос

Лист бумаги, на котором вы написали свое имя и его имя.

Веточка розмарина

Раковина моллюска

Красная лента – красная шерстяная нить.

Техника

Это заклинание следует произносить в ночь новолуния.

Отправьтесь на пляж или к большому водоему и поразмышляйте над посланием, которое вы хотите отправить своему потерянному близкому человеку. Найдите идеальную ракушку на пляже. изображения пряди твоих волос, веточки розмарина и листа с двумя именами между двумя половинками скорлупы. Свяжите его красным концом и бросьте в воду в направлении ракушки, чтобы передать свое астральное послание любимому человеку.

Некоторые соображения

Черная магия может позволить вам достичь всего, чего вы пожелаете, но работа с темными силами таит в себе мало опасностей, поскольку вы никогда не сможете полностью контролировать или понимать эти силы.

Последствия черной магии могут быть невообразимыми и ужасными, так как этот вид магии используется для целенаправленного причинения вреда другому, но даже в тех случаях, когда вы не намерены причинять вред, вы все равно можете причинить вред непреднамеренно.

ПРЕЖДЕ ЧЕМ НАКЛАДЫВАТЬ черный приворот, вы должны сначала спросить себя, готовы ли вы рискнуть какими-либо непредвиденными последствиями, которые могут возникнуть в результате заклинания, призванного вернуть человека к вам.

Если необходимо использовать черную магию, делайте это только в крайнем случае. Если вы изучили все другие варианты решения проблемы и по-прежнему считаете, что черная магия — оптимальный способ вернуть возлюбленного к вам, тогда воспользуйтесь этим заклинанием.

Обязательно проведите духовное очищение после завершения ритуала. Всякий раз, когда вы используете черную магию, помните, что даже если вы получите то, что хотите, это может быть не совсем то, что вы ожидаете.

Как только вы высвободите в мир силу черной магии, ее уже невозможно обуздать, остановить или повернуть вспять, поэтому всегда соблюдайте предельную осторожность при произнесении таких заклинаний.

Заклинание страсти

Приятный момент сидения перед дверью, я и ты.

С двумя фигурами и двумя лицами, с одной жизнью, я и ты. Радостный и беззаботный, свободный от отвлекающих мифов, я и ты.

Я и ты без нас собираемся из-за любви.

- Руми

Это чудесное древнее и проверенное временем заклинание, создающее сексуальное влечение и страсть между двумя людьми и может быть выполнено как с участием объекта ваших желаний, так и без него.

Заклинание поможет разжечь любовную страсть вашего возлюбленного, позволив ему погрузиться в мысли и чувства, которые он до этого момента подавлял, отрицал или игнорировал.

С древних времен пачули являются благовонием, связанным с плотской любовью и разжиганием чувственной страсти, а в тантре его используют для вводного массажа тел влюбленных перед тем, как приступить к священному сексу. Яблоко – символ первородного греха. Кровь, текущая сквозь ароматный дым палочек, связывает вас как пару.

Ингредиенты

Булавка

Яблоко

Эфирное масло пачули

Техника

Каждый из вас должен уколоть палец булавкой. Капля крови должна упасть на ароматическую палочку. Подсвети это. возьмите яблоко и протолкните его сквозь дым. Сказать:

Кровь (его имя)

Кровь (ваше имя)

Слиться в одно.

Протолкните яблоко сквозь дым еще два раза, повторяя заклинание. Разрежьте яблоко пополам и положите перед благовониями. Заклинание почти мгновенно вызывает сильную страсть, так что будьте готовы!

Преимущества этого заклинания

Используйте заклинание страсти, чтобы разжечь страсть настоящего партнера или соблазнить и привлечь нового возлюбленного. Помните, что страсть — красивый и естественный элемент жизни. Вы можете использовать это заклинание, не опасаясь, что вы манипулируете своим партнером или заставляете его делать что-то, чего он или она на самом деле не чувствует.

Заклинание страсти, цель которого разжечь эротическое желание в ваших любовных отношениях, следует произносить на растущей луне, а для достижения оптимальных результатов — в полнолуние. Сексуальная магия – это древняя и мощная практика, позволяющая объединить собственное видение (экстрасенсорное видение) с мощными лунными энергиями, способными помочь вам исполнить ваши желания и сделать вашу жизнь лучше – привлечь счастье и любовь в свою жизнь.

Карты Таро Приворот

Ингредиенты
    2 розовые свечи,
Звездная карта
Карта влюбленных
Карта короля кубков

Ритуал проводится вечером, перед сном.

Накройте стол красной или белой скатертью, расставьте 2 свечи и зажгите их. Возьмите карту Звезды и представьте, как исчезает то, что сдерживает вашего возлюбленного. Положите карту перед собой.

Возьмите Короля Кубков в руку и представьте, что все хорошие черты его характера говорят:

Я призываю все 4 стихии, я призываю всех добрых духов, я призываю всех богов любви! Сделай путь моего любимого ровным и быстрым, чтобы он стал моим!

Положите карту на стол.

Возьмите карту «Влюбленные», представьте, что вы вместе, скажите:

Я призываю любовь, и она придет, принесенная пламенем свечи, где бы она ни была, близко или далеко. Моя любовь придет ко мне, я даю любовь и получаю любовь взамен. Наша любовь страстна, как пламя свечи, наша любовь сильна, как огонь, наша любовь продлится столько, сколько я пожелаю. Ритуал завершен. Да будет так!

Оставьте карты на столе, пока не догорят свечи.

Сладкий приворот

ИНОГДА ЛЮБОВЬ СТАНОВИТСЯ слишком рутинной. «Я люблю тебя» звучит почти бессмысленно. Вы знаете, что любите друг друга, но эта прекрасная искра романтики поредела. Что вам нужно, так это большая доза сладости, чтобы снова собраться вместе.

ИНГРЕДИЕНТЫ

Сахар и специи, конфеты и другие вкусности, которые «говорят» с вами...

Техника

РАЗЛОЖИТЕ СЛАДОСТИ на своем алтаре или магическом круге и скажите:

Приходите ко мне и моему партнеру, вам действительно стоит.

Подсластите нашу любовь, сделайте ее божественной.

Я люблю его/ее, я люблю его/ее, он/она полностью мой.

Храни любовь в секрете

МОЖЕТ БЫТЬ МНОГО ПРИЧИН, по которым вы хотите сохранить эти отношения в тайне, и было бы полезно разработать вариант защитного заклинания, чтобы оградить вас от общественного внимания и пристального внимания.

ДЕРЖИ НАШУ ЛЮБОВЬ В тайне, пусть никто не расскажет.
Никаких домыслов и сплетен, тихо, как в колодце.
Наша связь скрыта от всех.
Когда мы будем готовы, мы исповедуемся.

Приворот с фото

КАК ОЧАРОВАТЬ МУЖЧИНУ своей мечты? Если вы чувствуете, что заботитесь о парне, который вам небезразличен, то можете попробовать простые привороты по фото. В этом случае вам не понадобятся никакие волшебные составы и труднодоступные травы.

Белая магия использует энергию ваших чувств. Чтобы произнести приворот, необходимо сосредоточиться на фотографии любимого человека и вслух произнести свои добрые намерения. Важно, чтобы слова шли прямо от сердца, поэтому не раздумывайте, что сказать.

Привороты с фотографией можно делать и для того, чтобы усилить уже существующее чувство, приведшее к союзу.

ИНГРЕДИЕНТЫ

2 фотографии: ваша и вашего партнера

Баночка меда или розового варенья.

Немного розового масла

1 красная свеча

1 красная нить с иголкой

ТЕХНИКА

СНАЧАЛА НАТРИТЕ СВЕЧИ розовым маслом. Затем сложите фотографии пополам, чтобы ваши изображения были изображением внутри.

Края фотографий прошейте красной нитью и поместите их в банку с медом.

ПОМЕСТИТЕ СВЕЧУ НА крышку. Зажигайте его постоянно, символизируя свою счастливую жизнь.

Любовное очарование

ЧТО ДЕЛАТЬ В СИТУАЦИИ, когда у вас нет фотографии человека, к которому вы испытываете любовь? Вы можете наложить на него заклинание «люби меня».

ИНГРЕДИЕНТЫ

Для проведения ритуала вам понадобится:

Круглый стол

Красная скатерть

Красная свеча

Красная роза

Две булавки

ТЕХНИКА

Это заклинание очень мощное, поэтому, чтобы все прошло хорошо, сначала нужно очистить свое пространство, например, с помощью благовоний из белого шалфея. Затем на накрытый стол поставьте свечу и воткните в нее булавки: первый прямо у основания фитиля, а другой на несколько миллиметров ниже.

Важно, чтобы они не пересекались.

Поместите розы слева от свечи. Когда вы зажигаете фитиль, не переставайте думать о любимом человеке. Произнесите следующее заклинание:

ПУСТЬ ТВОЕ СЕРДЦЕ ЗАГОРИТСЯ, как эта свеча, и пусть пламя покажет тебе свою душу.

ПОВТОРЯЙТЕ ЭТИ СЛОВА до тех пор, пока свеча не догорит до того места, где находится второй штифт.

В конце этого ритуала подожгите розы.

Славянский приворот

СЛАВЯНЕ ИСПОЛЬЗОВАЛИ несколько способов привлечения и сохранения любви. В русской культуре особую роль играли обереги, сделанные своими руками для привлечения любимого человека.

Такой магический атрибут можно сделать из трех полосок: красной, зеленой и белой. Их заплетают в косу, которую затем закрепляют воском от красной свечи. В конце к воску прикрепляют ветку ивы.

Славянская магия была настолько сильна, что молодые девушки с помощью определенных обрядов могли узнать, кто станет их мужем в будущем.

Для этого стол накрывали белой скатертью, кладя на него две шляпы: одну для себя, а вторую для будущего возлюбленного.

ЗАТЕМ ПЕРЕД СТОЛОМ поставили зеркало, девушка встала перед ним обнаженной и сосредоточила внимание на своем отражении.

В МЫСЛЯХ ОНА ПРИГЛАСИЛА будущего мужа на ужин, пока на поверхности зеркала не появилась фигура ее будущего жениха.

Затем она представила, как будет проходить этот волшебный ужин: блюда, фразы, взгляды и притяжение между ними.

Аминь.

Приворот в полнолуние

ПРИВОРОТЫ, ПРОИЗВЕДЁННЫЕ в полнолуние, также обладают удивительной силой.

По древним поверьям, эта фаза оказывает сильнейшее влияние на земные дела, поскольку Серебряный Месяц в это время становится в оппозиции к Солнцу.

ВО ВРЕМЯ ПРИВОРОТА необходимо записать на листе бумаги все качества вашего идеального мужчины.

ЗАТЕМ СЛОЖИТЕ ЛИСТ пополам, освятите его благовониями и прижмите к груди. Правой рукой оторвите лепестки красной розы, крепко сожмите их, а затем начните думать о счастливой жизни бок о бок с партнером из вашей мечты.

Лепестки сложите в конверт, запечатайте его, а на месте соединения сделайте печать поцелуем губами, накрашенными красной помадой. Потерпи. Вы почувствуете эффект своего заклинания в течение следующих шести месяцев.

Заключение

Дорогой читатель,

Пусть эта крошечная книжка послужит постоянным напоминанием о том, что вы заслуживаете почетной и настоящей любви. Желания вашего сердца и ваши честные намерения имеют значение, и ваше отношение может изменить мир.

Осмельтесь поверить в себя, раскрыть свой потенциал и отправиться в путешествие любви к себе, сострадания и личностного роста. Путь не всегда может быть легким, но с непоколебимой убежденностью, живущей внутри вас, вы сможете преодолеть любое препятствие и воплотить в жизнь жизнь, превосходящую ваши самые смелые мечты.

И помните, мир ждет, чтобы вы пролили свой свет и изменили ситуацию. Доверьтесь себе, и пусть любовное путешествие начнется.

Ваша,

Мэгс Пай

Don't miss out!

Visit the website below and you can sign up to receive emails whenever Mags Pie publishes a new book. There's no charge and no obligation.

https://books2read.com/r/B-A-KBUZ-NPUNC

BOOKS 2 READ

Connecting independent readers to independent writers.

Also by Mags Pie

All About Eggs
Dream Reader
With Knife & Fork Around the Globe
Fin, the Fish of Syllable Sea
Чудесаторът
Love Spells
Любовные заклинания